KB036591

소리 교육 2

소리 교육 2

소리와 음악 창작을 위한
75가지 연습 노트

머레이 셰이퍼 지음 | 한명호 · 박현구 옮김

그물코

차 례

머리말

이 책은 『소리 교육1: 소리, 귀, 마음을 위한 100가지 연습 노트』의 동반자이다. 이 둘은 공통점이 많지만, 특히 이 책은 음악 교육 현장에 있는 사람들을 위한 것이다. 몇몇 방법들은 『소리 교육 1: 소리, 귀, 마음을 위한 100가지 연습 노트』에서 가져왔지만, 대부분은 새로운 것이거나 아니면 오히려 오래된 것이다. 그 이유는 내가 35년 동안 캐나다 전역과 다른 많은 나라에서 창조적 음악 교육 워크숍을 이끌어 왔기 때문이다. 그래서 나는 이 책에서 소개하는 과제 중 일부는 아이들을 위해 단순화되어야 하지만, 이 과제들이 모든 연령의 사람들과 여러 문화권의 사람들 모두와 함께할 수 있다는 점을 알고 있다.

창의성은 중요한 주제이다. 과제를 해 나가는 어떤 방법은 다른 방법보다 더 영감을 줄 수 있겠지만, 여기 나오는 많은 과제들은 스스로 발견하게 한다는 의미에서 어떤 방법이든 다 맞다. 내가 '이어 클리닝(ear cleaning)'이라 부르는 정확한 청취도 또 하나의 중요한 주제이다. 음악가들을 포함해 많은 사람들은 충분히 주의 깊게 듣지 않는다. 오늘날 세계는 역사상 어느 때보다 더 큰 소리들로 가득 차 있다. 우리의 귀는 마비되어 가고 있다. 우리는 소리들을 차단하려고 하지만 우리의 귀에는 덮개가 없다. 우리는 들어야만 하는 운명이다. 만일 세상의 모든 교사들이 『소리, 귀, 마음을 위한 100가지 연습 노트』와 이 책에서 소개하는 접근 방식을 택한다면, 소음 공해 문제는 사라질 것이다. 그것이 바로 이 과제들의 힘을 보여준다.

이 책에서 소개하는 과제들은 아주 간단하다. 과제를 하기 위해 오케스트라든지 최신 전자음향 도구들로 채워진 방은 필요 없다. 심지어 하루에 하나 또는 두 개의 과제라도 고도의 집중 음악 교육 프로그램 틀 안에서 효과적일 수 있다.

많은 과제들은 눈을 감고 한다. 사실, 음악 기술을 눈 뜬 채 가르친다는 것은 이상하다. 음악가이기도 했던 장 자크 루소(Jean-Jacques Rousseau)는 그의 저서 『에밀(Emile)』에서 암흑 속에서 이루어지는 청각과 촉각 훈련을 다음과 같이 옹호한다. "밤중에 어떤 건물 안에 갇혀 있을 때 한번 손뼉을 쳐보라. 당신은 울림을 통해 그 공간이 큰지 작은지, 당신이 가운데에 있는지 구석에 있는지 알게 될 것이다. (…) 밤놀이를 많이 할 것. 이 충고는 생각보다 중요하다."(루소, 『에밀』, 김중현 옮김, 한길사, 2011, 238쪽) 음악가들은 잔향과 흡음에 대해 알아야 하기 때문에 이 책에 그 과제들을 포함시켰다.

나는 완전한 어둠 속에서 수업을 진행했다. 시각이 없으면, 강의의 리듬과 속도는 완전히 달라진다. 한번은 이란의 쉬라즈에서 시각 장애인 음악가가 타현악기 산투르를 가르치는 수업에 참여한 적이 있다. 그가 한 소절을 연주하고 한 학생에게 고개를 끄덕이자, 그 학생은 그가 연주한 부분을 반복했다. 그러고 나서 그 학생은 다른 소절을 연주했고 또 다른 학생에게 고개를 끄덕였다. 수업은 말 한 마디 없이 그렇게 이루어졌다.

음악 교수들과도 수업을 할 때가 있는데, 그럴 때면 나는 세심한 주의를 기울여야만 했다. 초기에 그들은 내가 하는 작업들을 터무니없는 것처럼 여기며 그저 무시해 버리곤 했다. 하지만 내 머리가 그들의 머리만큼 희어진 지금, 그들은 우리가 했던 내용들이 그들이 평소 내게 주는 책인 『음악 교육의 기초』 1권 1장에 이미 설명되어 있다고 강조한다.

하지만 나와 그들의 접근 사이에는 근본적인 차이가 있다. 음악 교수들은 언제나 설명을 먼저 하고 그 다음에 실행한다. 심지어 거기까지 하지 않는 경우도 있다. 나는 항상 경험이 먼저 있고 그 유용성에 대한 결정이 뒤를 따르기를 바란다. 나는 학생들에게 끊임없이 이야기한다. "토의하지 마라, 그냥 해라. 그러고 나서 우리는 이야기할 수 있을 것이다."

루소는 『에밀』에서 이렇게 말했다. "나는 말로 설명하는 것을 좋아하지 않는다. 아이들은 그런 설명에 거의 주의를 기울이지도 않으며 기억하지도 못한다. 실제 대상을! 실제 대상을! 이 말에 아무리 중요성을 부여해도 지나침은 없을 것이다. 우리의 수다스럽게 지껄이는 교육으로는 수다쟁이밖에 만들어내지 못한다."(루소, 『에밀』, 김중현 옮김, 한길사, 2011, 321쪽)

모자이크

내가 하는 음악 교육 방법은 비선형이다. 이 책의 과제들은 알파벳 순서를 따르지 않지만, 나는 그 과제들이 완전한 알파벳을 구성한다고 생각한다. 바로 모자이크 기법이다. 한 돌은 여기에 그리고 다른 돌은 저기에 놓으면서 무늬를 계속 확장시켜간다. 어떤 과제는 기술 솜씨와 관련 있고, 또 어떤 과제는 소리에 대한 창조적 탐구와 관련 있다. 그리고 초인적 청력과 관련 있는 과제도 있다. 하지만 나라마다 다른 음악 문화에 대한 특정 자료는 넣지 않았다. 지금의 음악 교육은 특정 문화의 숭배에 빠져 허우적거리는 경우가 많다. 학생들 스스로 선택한 자료를 갖고 오도록 하자. 교사는 중립을 유지하면서 준비된 자료가 무엇이든지 그것으로 음악성을 향상시키는 데 전념해야 한다.

음악 교육의 문제

지금의 음악 교육에서 드러나는 문제점은 다음과 같다.

- 외국 음악이 우리 음악보다 가치가 높다.
- 다른 사람이 작곡한 음악이 우리 스스로 만든 것보다 가치 있다.
- 많은 학생들이 지나치게 높은 기술적 요구 사항들을 충족시키느라 낙담하거나 음악을 만드는 즐거움을 포

기하도록 강요당하고 있다.

- 음악은 돈이 많이 드는 과목이라고 주장함으로써, 저렴하면서 품질이 좋은 음악 제작 기회는 무시된다.
- 교사 그리고 학부모들은 음악의 가치를 연말 공연 이상으로 이해하지 못한다.
- 음악은 과학이나 환경, 다른 예술로부터 고립되어 있다.
- 교사는 엔터테인먼트 산업으로 상품화된 음악과 그것이 만들어 내는 졸작에 대항하여 강한 목소리를 내지 않는다.

음악실은 음악의 처음도 끝도 아니다. 음악은 소리가 나는 모든 세상이다. 우리는 우주의 교향곡의 청취자이면서 연주자이고 작곡가이다.

때로 우리는 이 세계로부터 벗어나 영감을 주는 신적 존재의 모호함 속으로 들어가는 순간을 발견할 수 있을 것이다.

2003년 11월, 인디언 리버에서

머레이 셰이퍼

몸 전체는 하나의 귀와 같다.

GAMES
게임

1

중앙으로 손뼉 치며 가기

입구에서 학생들의 눈을 가리고 손뼉 치는 소리를 들으면서 공간의 중앙을 찾아간다.(루소의 훈련 과제)

2

캔 위치 찾기

시각 장애 아이들이 하는 게임이다. 캔을 바닥에 굴린다. 눈을 가린 사람은 소리를 듣고 캔이 멈춘 곳으로 가서 집는다. 그 시간이 얼마나 걸렸는가?

3

무슨 소리를 들었는데?

“내가 무엇을 봤는데 그건 이 글자로 시작해”라고 첫 글자를 말하면 그게 무엇인지 맞추는 게임이 있다. 이 게임을 소리로 바꿔 보자. “내가 무슨 소리를 들었는데…”로 시작해 보자.

4

위치 찾기

방에서 나가 있을 술래를 정하고 나머지 사람들은 한 곳에 자리를 잡는다. 술래가 들어오면 안에 있는 사람들은 모두 같은 음을 허밍하기 시작한다. 술래가 멀어지면 작게, 가까워지면 크게 그리고 찾아내면 아주 크게 소리를 낸다.

이 게임을 술래 두 명과 두 군데 지점 그리고 두 가지 음을 내는 사람들로 해 보고, 세 명의 술래와 세 군데 지점, 세 가지 음으로도 해 본다.

5

양, 돼지, 닭, 소

학생들을 네 모둠으로 나누고 각 모둠 별로 다른 동물 소리를 내도록 한다. 첫째 모둠은 소, 둘째 모둠은 양, 셋째 모둠은 돼지, 넷째 모둠은 닭의 소리를 내기로 한다. 그런 다음 모두 눈을 가린다. 네 모둠의 학생들을 모두 섞고 각자 맡은 동물의 소리를 내면서 같은 소리를 찾아낸다. 찾으면 손을 잡는다. 이렇게 하면 네 개의 원이 만들어진다.

변형: 네 모둠을 러시아인, 중국인, 아랍인, 아프리카인과 같이 다른 국적을 가진 사람들로 나눈다. 모둠 별로 자신이 맡은 나라의 말이라고 생각하는 언어를 상상해서 만든 다음 말을 한다. 상상해서 말을 만들기가 어려운 사람들이라면, '젓가락(chopsticks)', '보드카(vodka)', '모하메드(Mohammed)', '콩고(Congo)' 등과 같이 진짜 단어를 한두 개 쓸 수 있다.

또 다른 변형: 각 모둠에게 짧은 악구를 주고, 같은 악구를 노래하는 사람들을 찾아낸다.

6

개 숫자 찾기

학생들은 안쪽을 향해 원을 만들고 눈을 감는다. 교사는 미리 학생 네 명을 정해 서로 다른 개의 소리를 흉내 내면서 원 바깥으로 움직이게 한다. 원 바깥에서 움직이는 학생들은 가능한 많은 종류의 개 소리를 내도록 한다. 원을 만든 학생들은 몇 마리 개 소리를 들었는지를 맞추는 것이 아니라, 그 소리를 낸 사람이 몇 명인지를 맞춰야 한다. 개 소리 흉내를 잘 내는 사람이라면 듣는 사람들을 쉽게 속일 수 있다. 이 게임은 고양이 소리로도 할 수 있다.

7

열쇠 훈련

거의 모든 사람들이 열쇠 한두 개씩은 갖고 있을 것이다. 하지만 여러분의 열쇠 소리를 들어본 적이 있는가? 여러분에게 가장 가까이 있는 소리들은 때로 가장 신비로운 것들이다. 여섯에서 여덟 명의 학생이 열쇠를 가지고 한 줄로 선다. 교사는 학생들이 갖고 있던 열쇠를 가져간 다음 등 뒤에서 차례로 하나씩 흔든다. 자신의 열쇠 소리라고 생각하면 손을 든다. 손을 가장 먼저 든 사람은 자기 뒤에 놓인 열쇠를 갖게 된다. 모든 열쇠를 다 흔들고 나면 뒤로 돌아선다. 자기 열쇠 소리를 제대로 들은 사람은 누구일까?

8

이름 게임

내 이름 '머레이'를 백 가지 방법으로 발음해 본다. 잡아 늘여도 보고, 노래로도 불러 보고, 떨리는 소리로 또는 더듬거리면서 발음해 본다. 나는 자주 이런 식으로 수업 시간에 나를 소개하고, 학생들에게 다른 방법으로 부른 내 이름을 흉내 내도록 한다.

그 다음 다른 사람에게 같은 식으로 또 다른 사람에게 하도록 한다. 나는 학생들을 모둠으로 나누고, 임의로 리더를 바꾸면서 각 모둠이 리더를 따르도록 한다. 모든 이름의 선율은 매우 매력적이다. 우리는 우리의 이름을 소리 내는 새로운 방법을 고안하면서 우리 몸을 움직이고 싶어 한다. 이름을 흔들고, 발 구르듯 구르고, 똑똑 두드리며, 깡충 뛰어오를 수도 있다.

아이들은 이 과제를 아주 좋아한다. 설명은 필요 없다. 자연스러운 표현과 움직임, 창작의 즐거움 안에서 많은 경험을 할 수 있다.

9

원 안의 소리

원 주위로 소리를 전달하는 재미있는 훈련이다. 여러 방법들이 있는데 아래 대표적인 두 가지를 소개한다.

하나의 소리

원 주위로 하나의 소리를 전달하는 훈련이다. 목표를 정확하게 잡는 게 중요하다. 때로는 가장 단순한 소리가 제일 어려운데, 박수 소리가 그 예이다. 앞 사람이 친 박수와 똑같은 박수를 쳐 본다. 손의 크기가 다르고 가해지는 힘도 다르기 때문에 박수 소리가 얼마나 다르게 나타나는지 주목한다.

많은 소리

여러 사람들이 만들어 낸 재미있는 소리(단어, 유성음, 몸의 소리)들을 원 주위로 전달한다. 처음에는 두세 가지 소리로 시작하고 나서 몇 개의 소리를 추가한다. 그 어떤 소리도 놓치지 말아야 한다. 이 훈련에는 집중력이 많이 필요하고 규칙도 있어야 한다. 그 규칙이란, 여러분이 전하는 소리를 받을 사람이 준비가 될 때까지 아무 소리도 내지 않는 것이다. 여러분은 돌아다니는 소리들을 놓치지 않고 한 번에 얼마나 많이 잡을 수 있겠는가?

10

이름 전달하기

이름도 비슷한 방식으로 전달할 수 있다. 기준이 되는 숫자 1과 2를 되풀이 말하면서 원의 둘레로 이동한다. 이 과제에 참여하는 사람의 숫자는 짝수여야 한다. 먼저 숫자 1에 해당하는 모든 학생들이 그들의 이름을 오른쪽에 있는 사람에게 되풀이해서 말한 다음, 왼쪽에 있는 사람에게서 새로운 이름을 듣는다. 자신의 이름을 들으면 게임을 멈춘다.

여러분의 이름을 들었는가? 초반에는 집중력이 없어 아마 많은 이름을 놓칠 것이다. 다시 시도해 본다. 그러고 나서 숫자 2에 해당하는 모둠에게 하도록 한다. 옆 사람이 이름을 받기 위해 돌아볼 때까지 이름을 말하면 안 된다는 점을 기억해야 한다.

이제 여러분의 이름을 노래로 불러보고 같은 방식으로 전달해 본다.

11

노래 부르기

짧은 악구도 원 주위로 전달할 수 있다. 단, 교사가 먼저 악구를 시작해야만 동일한 음을 유지할 수 있다.

예: 이 음들을 놓치지 않고 얼마나 전달할 수 있겠는가?

음악은 발전하지 않는다. 돌고 도는 것이다.

OUTDOOR GAMES

야외 게임

12

숨 참고 소리 내기

모두 출발선에 서서 숨을 크게 한번 쉰 다음 소리를 낸다. 어떤 소리라도 좋다. 단 한 번의 숨으로 앞꿈치와 뒤꿈치가 서로 닿게 하여 가능한 빨리 걸으면서 소리를 낸다. 숨을 쉬려면 멈춰야 한다. 누가 가장 멀리 갈까? 최종 후보들끼리 결승전을 하고, 남은 사람들은 반칙을 하는지 지켜 본다. 앞꿈치와 뒤꿈치를 계속 붙이면서 걸었는가? 걸으면서 숨을 쉬지는 않았는가?

13

그대로 가져오기

학생들에게 각자 소리 내야 할 음을 주고, 그 음을 부르면서 학교 주변을 뛰도록 한다. 음을 변형시키지 않고 다시 가져오는 과제이다. 이것이 가능한가? 그렇지 않다면 음은 높아질까 아니면 낮아질까?

14

눈 가리고 따라가기

학교 운동장이나 공원처럼 넓고 평평한 공간에서 하는 과제다. 학생들의 눈을 가리고, 교사가 주기적으로 부는 휘파람 소리를 따라가도록 한다.

15

거리 외침 소리

예전 거리의 상점들은 움직이는 시장이었다. 생선이나 채소, 과일, 석탄 등을 파는 상인들은 독특한 외침 소리를 냈다. 그 소리들은 저마다 고유한 동기가 있었기 때문에 몇 블록 떨어진 곳에서도 무슨 소리인지 알 수 있었다.

여러분이 팔고 싶은 것을 정해 거리에서 외침 소리를 만들어 보자. 우리는 브라질에서 음악을 팔기로 결정한 다음, 'musica'라는 단어로 독특한 외침 소리를 만든 적이 있다. 지나다니는 사람들은 흥미를 보였으며 심지어 돈을 주는 사람도 있었다!

16

소리 축구

다섯에서 일곱 명으로 두 팀을 짜고 교사는 휘파람으로 심판을 본다. 동전을 던져 먼저 공격할 팀을 정한다.

소리가 공을 대신한다. 소리는 짧은 노래 구절이나 리듬도 될 수 있다.

먼저 공격하는 팀의 주장이 노래하거나 손뼉을 치고, 그것을 다른 팀원에게 전달한다. 전달 받은 팀원은 다음 팀원에게 전달하기 위해 정확하게 반복해야 하며, 모든 팀원이 다 반복할 때까지 계속 전달한다.

그러는 동안 상대 팀은 소리를 전달하는 선수를 방해하기 위해 소음을 낸다. 방해가 성공해 노래 구절이나 리듬이 틀리면 심판은 상대 팀에게 공격권을 넘긴다. 상대 팀은 같은 방식으로 새로운 구절이나 리듬으로 시작한다.

한 팀의 모든 팀원이 전달하는 데 성공할 때마다 골에 공을 한번 찰 수 있다. 공을 가진 선수는 주선율(theme)이나 리듬을 상대편이 골키퍼로 지명한 선수에게 '찬다.' 골기퍼가 주선율을 정확하게 재현해서 상대편의 득점을 막는 데 성공하면, 그 골키퍼의 팀이 공을 갖게 되고 게임은 계속 진행된다. 만약 골키퍼가 주선율을 정확하게 재현하지 못해 상대편의 득점을 못 막으면, 공을 찬 사람은 득점을 유효하게 하기 위해 주선율을 반복해야만 한다. 이 같은 검증 과정은 재현하기에 너무 복잡한 소리 내는 것을 막기 위함이다.

나는 이 게임을 여러 나라의 사람들과 성공적으로 했었다. 규칙은 2분 안에 설명할 수 있다. 이 게임은 아주 빠르게 진행되기 때문에 심판은 계속 뒤꿈치를 들고 있어야 한다, 아니 귀를 계속 쫑긋거려야만 한다.

더 높은 진화 단계에 있는 동물일수록 회복 능력이 제한된다.

게는 새로운 집게발이 자라지만 인간은 새로운 귀가 자라지 않는다.

DRAWING SOUNDS

소리 그리기

17

거울

큰 종이 한 장을 반으로 접은 다음 다시 펴서 바닥에 둔다. 두 사람이 크레용을 가지고 접힌 종이 양쪽에 마주 보고 앉는다. 한 사람이 종이 반쪽에 천천히 무늬를 그리기 시작한다. 다른 한 사람은 거울에 비친 그 그림을 그린다.

이제 그림의 선을 따라 모양과 소리가 정확하게 일치하도록 노래를 부른다. 이 과제는 천천히 할수록 좋다.

18

소리 그리기

빗자루나 양동이, 자처럼 우리 일상에서 쉽게 구할 수 있는 다양한 물건들의 소리를 듣고 그림을 그려 보는 과제이다. 소리가 시작되면 그리기 시작하고, 소리가 멈추면 그리기도 멈춘다. 그림은 단지 짧은 순간의 느낌이지만, 서로 다른 소리에 따라 그림은 다양한 특징으로 나타날 것이다. 어떤 것은 부드러운 채찍 소리로, 또 어떤 것은 크게 긁어대는 소리나 일정하게 두드리는 가벼운 소리, 떨어지면서 나는 소리도 될 수 있다.

학생들이 그린 그림을 서로 비교해 보자. 눈에 띄게 비슷한 그림이 있는가?

19

그림을 소리 내기

앞선 과제의 여러 모양과 질감은 다시 소리로 바꿀 수 있다. 지난 프로젝트에서 여러분이 갈겨 써 놓은 글씨와 일치하도록 소리를 만들어 본다. 다른 모양을 몇 개 그려 보고, 그것들을 목소리로 내 본다. 많은 예술 작품들, 특히 추상화는 즉흥곡을 위한 악보가 될 수 있다. 칸딘스키의 추상화 〈Winter〉, 〈Capricious Forms〉, 〈Yellow Circle〉 등이 그 예다.

20

지저귀는 기계

독일 화가 파울 클레(Paul Klee)의 추상화 〈지저귀는 기계〉를 보자. 그림 한쪽에 있는 L자 형 핸들은 우스꽝스러운 새의 머리에 와이어와 스프링으로 연결되어 있다. 이 우스꽝스러운 새가 어떤 소리를 낼지 상상해 보라. 여러분은 악기로 그 소리를 만들어 낼 수 있는가? 아니면 목소리로? 또는 소리 나는 물체로 새의 소리를 만들어 낼 수 있는가?

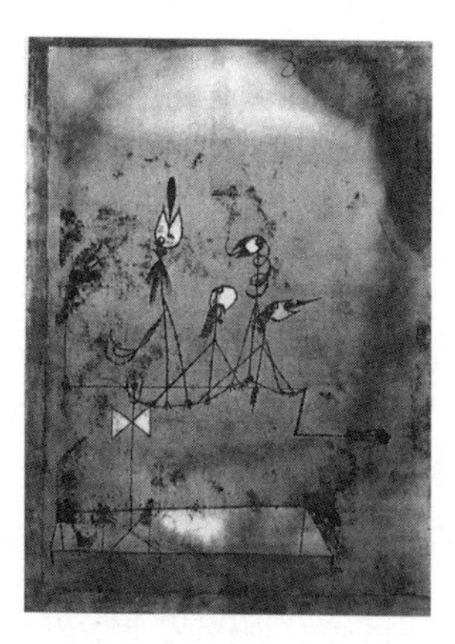

21

소리와 색

소리에도 색이 있을까? 어떤 사람들에게는 그럴 것이다. 하지만 어느 소리가 무슨 색인지에 대한 약속은 없다. 여러분 스스로 소리의 색을 찾아볼 수 있다. 피아노로 높은 음 몇 개를 누르고 학생들에게 그 음이 무슨 색인지 물어본다. 파란색? 노란색? 흰색? 아마 검은색이나 갈색은 아닐 것이다. 이번에는 아주 낮은 음 몇 개를 누르고 색깔을 물어 보자. 분홍색일까 붉은색일까? 천만에. 아마도 갈색이나 검정, 보라색일 것이다. 트럼펫 소리는 빨간색일까, 회색일까? 회색이라고 생각하는 사람은 없을 것이다. 그럼 플룻 소리는 초록색일까, 갈색일까? 갈색일 리가 없다. 대부분의 소리들이 이와 마찬가지다. 어느 소리가 무슨 색인지에 대한 약속은 없지만, 무슨 색이 아닌지에 대한 약속은 있을 것이다.

공연 악보를 그릴 때, 색깔이 여러 종류의 소리들을 자극할 수도 있다는 사실을 기억하면 도움이 될 것이다.

22

걷기에 주목하기

파울 클레는 "그리기는 걷기를 위한 준비 선상에 있는 것과 같다."고 했다. 한번 해 보자. 나는 걷기에 대해 설명하고 학생들은 종이에 그것을 그릴 것이다.

나는 집에서 걷기 시작한다. (출발 지점)
곧게 난 길을 따라 쭉 걸어간다.
오른쪽 방향으로 꺾어 걸어간다.
그 다음 왼쪽 방향으로 돌아 걷는다.
길은 너무 울퉁불퉁하다. 나는 큰 돌 몇 개를 돌아서 계속 걸어간다.
내 친구가 커다란 돌에 앉아 나를 기다리고 있다.
우리는 언덕 위로 함께 올라간다. (평행선)
길은 매우 가파르고 우리는 숨이 가빠진다.
언덕 맨 꼭대기까지 오른 우리는 이야기를 나누기 위해 앉는다.

하지만 말다툼이 벌어지고 친구가 나를 남겨 두고 떠난다. (분기선)

나는 언덕을 홀로 내려간다.

언덕 아래에서 강으로 간다.

아치형 다리 위로 강을 건넌다.

갑자기 비가 내린다. 점점 거세진다. 번개와 천둥이 친다.

나는 집으로 뛰어간다. 하지만 금세 비가 멈춘다.

이제 밤이 되었고 머리 위로 수많은 별이 떴다.

너무 피곤해서 잠을 자러 간다. (동작 중지)

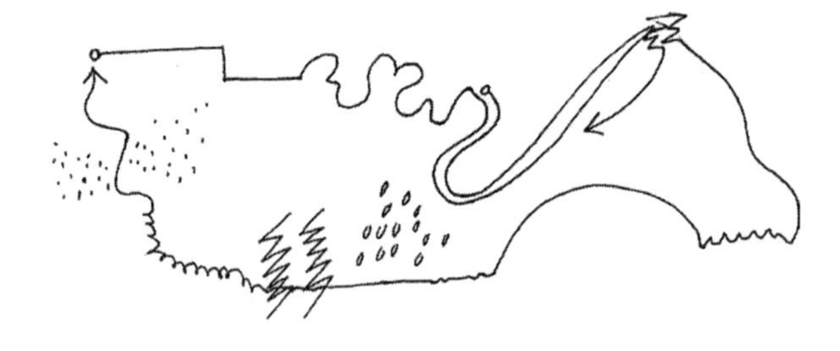

이제 학생들의 그림을 비교해 보자. 차이점이 있겠지만 비슷한 부분도 많을 것이다. 이제 우리의 걷기 이야기에서 벌어진 각 사건에 대해 그것을 소리로 표현해 보도록 하자. 처음에는 함께 하고, 그 다음에는 몇몇 학생들이 우리가 지시한 대로 그림을 따라하는 동안 혼자서 해 본다.

무슨 일이 일어났는가. 이야기를 들었고, 선 그림으로 그 이야기를 표현했다. 그리고 그 그림은 소리 작곡을 위한 악보로 쓰였다. 단 몇 분 동안에 우리는 세 가지 예술 형태를 결합하였다.

23

미디어 캐논*

학생들은 줄을 선다. 첫 번째 사람이 팔이나 다리로 몸짓을 취한다. 두 번째 사람은 그렇게 만든 몸짓으로 연상되는 소리를 '노래한다.' 세 번째 사람은 노래를 듣고 떠오르는 모양을 그린다. 네 번째 사람은 그 모양을 몸으로 흉내 낸다. 이 배열을 다시 시작하고, 위의 순서로 만들어진 악보를 전달한다. 첫 번째 배열이 전달되자마자 첫 번째 사람은 새로운 몸짓으로 두 번째 순서를 시작하고, '캐논'이 계속 진행된다.

앞의 과제처럼 우리는 한 번에 여러 예술 형태를 접하고 있다. 이 과제의 가장 가치 있는 측면은, 우리의 몸짓이 옳은지 그른지 묻지 않고 한 매개물에서 다른 매개물로 자발적으로 바꾸도록 하는 데 있다.

*캐논
한 성부의 주제를 다른 성부에서 모방하는 서양 고전 음악 악곡의 한 형식(옮긴이)

우리가 음악을 듣는 것이 아니라, 음악이 우리를 듣고 있다.

즉, 완전한 세상이 불완전한 것을 듣는 것이다.

LANGUAGE
언어

24

자기 자신 발명하기

나는 말도 안 되는 언어를 창작해 말하기 시작한다. 처음에 학생들은 혼란스러워한다. 내가 한 사람에게 시작하고 나면 또 다른 사람이 대화를 시작한다. 분명 내가 말한 방식처럼 몸짓을 하며 할 것이다. 나는 다른 학생들을 세운 다음, 서로에게 그 말도 안 되게 창작한 언어로 대화하게 한다. 곧 학급 전체가 일어서서 터무니없이 재잘거리고 몸짓을 하게 될 것이다.

나는 언젠가 우루과이의 수도 몬테비데오에서 한 소녀와 몸짓으로 대화하고 있었다. 그 소녀는 내가 자기에게 무엇인가 해 주기를 바란다고 생각했다. 갑자기 소녀는 허리를 굽히고 나와 자기의 신발 끈을 하나로 묶었다. 나는 큰소리로 반항했지만 이것을 지시라고 생각한 학생들은 그들의 신발 끈을 모두 하나로 묶기 시작했다. 곧 백 명의 사람들이 한 줄로 서서 발을 하나로 묶었다. 내가 무엇을

할 수 있었겠나? "Vam sebam!" 나는 소리쳤고 학생들은 모두 근처의 백화점 문을 향해 절름절름 걷기 시작했다. 우리는 이해할 수 없는 말을 하고 웃으면서 백화점 구석구석을 돌아다녔다. 그러다 에스컬레이터 앞까지 왔는데 여기에서는 안전 상 멈출 수밖에 없었다.

이 과제의 요점은 무엇일까? 혀를 풀어주고, 아직 드러나지 않은 발성 능력을 발견하는 것이다. (꼭 신발을 하나로 묶을 필요는 없다.)

25

목소리 흉내 내기

나는 독주자들이나 소규모 그룹에게 아래와 같은 특성을 가진 사람들의 목소리를 흉내 내 보라고 한다. 물론 그들이 창작한 언어로 말이다.

1. 군대에서 연설하는 육군 대장.
2. 월드컵 경기 아나운서. (홈팀이 이기고 있는 경우와 지고 있는 경우.)
3. TV 프로 여성 사회자와 인터뷰하는 유명 오페라 가수.
4. 놀고 있는 세 살 아이들.
5. 놀고 있는 여섯 살 아이들.
   (4번과 5번의 차이점은 무엇인가?)
6. 놀고 있는 여고생들.
7. 공원 의자에 앉아 이야기를 나누는 노인 두 사람.
8. 승객들의 안전한 여행을 책임지는 항공 조종사.
9. 은행 강도를 모의하는 도둑 두 사람.
10. 한 마리 용.

26

왕자와 공주

여러 남성(소년)들이 "나는 매력 넘치는 왕자야. 나랑 결혼할래?" 라고 말하도록 한다. 학생들은 눈을 감은 채 들은 뒤 어떤 목소리가 더 결혼하고 싶게 하는지 그 이유는 무엇인지 이야기를 나눈다.

여성(소녀)들이 "내 이름은 백설공주야. 나와 결혼해 줄래?" 라고 말하도록 한다. 같은 질문이다. 그런데 동화 속 백설공주는 몇 살이었나? 열두 살? 열다섯 살? 더 많은가?

27

동화

여러분이 창작한 새로운 언어로 〈아기돼지 삼형제〉처럼 잘 알려진 동화를 이야기해 본다. 돼지와 늑대의 언어로 이야기할 수 있지만, 나는 짚과 나무 그리고 벽돌로 집을 짓는 것에 집중해 달라고 부탁한다. 목소리로 어떻게 이 소리들을 만들어 낼 것인가? 아니면 주변에 이러한 소리를 더 정확하게 만들 수 있는 다른 재료들이 있는가?

게임에 사용하기 좋은 이야기

1. 신데렐라
2. 빨간 모자
3. 라푼젤
4. 브레멘 음악대

모둠을 나눠 이 과제를 하는 데 30분 정도 걸린다. 학생들은 눈을 감은 채 어떤 동화를 이야기하는 것인지 추측하게 한다.

28

백설공주와 일곱 난쟁이

〈백설공주〉는 다양한 말소리에 의한 성격 묘사와 특수한 음향 효과로 이루어진 이야기이다. 이야기의 주요 사건들은 다음과 같다.

1. 왕비가 자신의 손가락을 바늘로 찌른다. 붉은 피가 하얀 눈 위로 떨어진다. 그녀는 임신을 한다.
2. 백설공주가 태어난다. 왕비는 죽는다.
3. 왕이 재혼을 한다.
4. 계모와 거울이 나오는 장면.
5. 계모는 사냥꾼에게 백설공주를 멀리 데리고 가서 죽이라고 시킨다.
6. 숲이 나오는 장면: 백설공주는 살려달라고 빌고 풀려난다. 사냥꾼은 임무를 완수했다고 전하기 위해 성으로 돌아간다.
7. 일곱 난쟁이들에게 입양된 백설공주.

8. 특유의 성문*으로 말하는 난쟁이들.

1) 유식한 Doc

2) 기뻐하는 Happy

3) 재채기를 하는 Sneezy

4) 수줍어하는 Bashful

5) 졸린 듯한 Sleepy

6) 멍한 Dopey

7) 무뚝뚝한 Grumpy

(사실 난쟁이들의 이름은 그림 형제의 원작에는 없다. 그 이름은 훗날 디즈니에서 영화로 만들면서 넣은 것이다. 하지만 난쟁이들마다 독특한 성문을 가지기 때문에 각 난쟁이들의 캐릭터가 된 것이다.)

9. 계모는 다시 거울에게 조언을 구한다. 백설공주가 아직 살아있다는 것을 알게 된다.

10. 노파로 변장한 계모는 독사과를 가지고 백설공주에

게 다가간다.

11. 백설공주는 사과를 먹고 죽는다.
12. 난쟁이들은 백설공주의 죽음을 슬퍼한다.
13. 왕자가 와서 백설공주를 살린다.
14. 왕자와 공주는 궁전에서 결혼을 한다.

이제 이 이야기를 창작한 언어로 말해 본다. 각각의 목소리는 특수한 캐릭터를 묘사해야 한다. 백설공주의 목소리는 사악한 계모의 목소리와는 분명히 다를 것이다. 난쟁이들은 전혀 말을 하지 않을 수도 있지만 특색 있는 소리를 만들어 낼 수는 있을 것이다.

그 다음 묘사할 다양한 장면들에는 성과 숲, 난쟁이들이 일하는 광산이 있고, 각각에 대한 소리 풍경을 명확하게 제시해야 한다.

나는 이 과제를 하는 사람들에게 궁전과 숲 그리고 난쟁이들의 누추한 집 등을 표현하기 위해 실내 모든 공간을 활용하도록 했다. 표현을 제대로 하는 데 몇 시간이 걸리기도 했다.

나는 음향 효과를 사용하여 세상에 없던 새로운 언어로 동화 이야기를 하면 훌륭한 어린이 프로그램 시리즈를 만들 수 있을 것이라고 생각하곤 했다.

*성문(voiceprint)
사람의 지문처럼 구강 구조가 개인마다 달라서 음성 주파수 성분의 변화를 분석하면 발성자 식별이 가능하다. -옮긴이

29

여우와 까마귀

동화에 등장하는 동물과 새들은 종종 말을 한다. 하지만 그들이 사람처럼 말하는가 아니면 그들만의 독특한 강세와 리듬으로 말하는가? 이솝우화 〈여우와 까마귀〉를 보자. 여우는 나무에서 커다란 치즈 덩어리를 물고 있는 까마귀를 보고 그것을 가지고 싶어 한다. 그래서 그는 까마귀에게 그녀가 얼마나 아름다워 보이는지, 그녀의 깃털이 얼마나 윤이 나며 그녀의 눈동자는 얼마나 매혹적인지 아첨한다. "당신은 다른 모든 새들의 목소리를 능가하는 목소리를 가지고 있을 거야. 당신이 부르는 짧은 노래 하나만 듣게 해 줘." 아첨에 넘어간 까마귀는 까악까악 울기 위해 그녀의 입을 열었고 치즈를 떨어뜨렸다.

여우의 언어로 까마귀를 치켜 세우고, 아첨하는 말로 꾀는 목소리를 내 본다. 까마귀는 치즈를 떨어뜨릴까? 그것은 여러분이 까마귀를 설득해야만 가능하다.

30

의성어

학생들에게 자신만의 독특한 언어로 코끼리, 나비, 캥거루, 모기, 재채기, 눈송이를 표현하는 의성어를 만들도록 한다. 아니면 다른 단어들을 선택한 다음 그것을 표현하는 의성어를 만들어 본다. 종종 실제 언어들은 의성어로서의 특징을 갖는다. 그런 예는 어떤 것이 있을까?

31

아름다운 말

모든 언어는 아름다운 말을 많이 갖고 있다. 소리로서의 아름다움은 뜻과는 상관없을 수 있다. 여러분의 언어로 가장 아름다운 소리가 나는 단어 열 개를 적어 보자.

여기에 소개하는 단어들은 캐나다 고등학생들이 뽑은 것들이다.

> Luscious(달콤한), moon(달), ocean(해양), lilac(라일락), splash(튀기다), whisper(속삭이다), bumblebee(땅벌), cigarette(담배), tickle(간질이다), zipper(지퍼).

여러분이 만든 목록에서 그 단어들이 지닌 뉘앙스와 미묘한 차이를 찾아 보자. 그것을 분해하여 그 단어들이 가진 운율의 활력을 찾아내 본다. 열 개의 단어 소리만으로 몇 마디의 음성 그룹을 작곡하거나 연주해 본다.

나는 코스타리카 학생들에게 캐나다 학생들과 아름다운 단어 목록을 교환하도록 한 적이 있다. 캐나다 학생들은 스페인 언어로 연주했으므로 대부분의 단어의 뜻을 몰랐으며, 코스타리카 학생들도 그 단어의 뜻을 모른 채 영어로 연주했다. 결과는 대체적으로 재미있었다.

32

물의 음악

물은 다양한 상태에 따라 다른 음질을 만들어 낸다. 빗방울, 개울, 폭포, 호수, 강, 물결에 대한 단어를 만들어 보자.

나는 이 작업을 짧은 합창곡 '미니완카(Miniwanka)'의 기초를 만들기 위해 반복했었다. 만약 물과 관련된 단어들이 분명한 차이가 있고, 다양한 물 소리를 제시한다면 우리는 어렵지 않게 그 단어를 즐길 수 있을 것이다. 원 안에 줄을 세우고, 맨 가운데 있는 사람이 다른 사람들을 가리키며 팔을 휘두른다. 지목을 받은 사람들은 '빗방울'에 대한 단어를 발음하거나 노래한다. 비가 거세게 내리는가 아니면 부드럽게 오는가? 팔을 흔드는 속도와 힘이 그것을 의미한다. 그 다음으로는 '개울'과 '폭포' 등에 대해서도 같은 활동을 해 본다.

나는 브라질에서 여러 학생들과 이 작업을 했는데, 우리는 촉감을 추가함으로써 그 경험을 더 강하게 할 수 있음을 알았다. 우리는 두 줄로 섰다. 6~8명이 빗방울 소리였고, 또 다른 6~8명이 개울 소리 그리고 나머지 폭포, 호수, 강 소리도 같은 숫자로 이루어졌다. 마지막으로 천둥 같은 파도 소리는 목소리가 허스키한 소년들이 내도록 했다. 나는 학생들에게 차례로 두 줄 사이를 지나가게 했다. 그들은 눈을 감은 채 부드러운 비의 끝자락, 개울의 간지러움, 폭포의 철썩거림, 폭풍우가 이는 바다를 오르내렸다. 우리는 여러 방향으로 듣고, 느끼고, 움직였다.

이 작업은 몇 년 전에 했는데, 요 며칠 전 브라질의 한 음악 교육가로부터 편지 한 장을 받았다. 그는 이렇게 썼다. "그 작업을 하면서 내 삶이 바뀌었습니다. 특히 물소리와 촉각을 이용한 듣기와 터널을 지나는 멋진 활동이 내 인생을 바꾸었습니다."

33

발성 훈련

발성 훈련을 돕는 예순 가지 단어 목록을 아래에 소개한다. 단어들을 살펴보고 그 단어들이 주는 소리를 탐구해보자. 몇 개의 음성들은 이 목록을 카논처럼 '연주'할 수 있다. 이 단어들로 즉흥 연주를 하거나 작곡할 수 있는 방법이 있지 않을까?

1. hiss(쉬익 소리를 내다)
2. splutter(더듬거리며 말하다)
3. buzz(윙윙거리다)
4. hum(흥얼거리다)
5. drone(웅웅거리는 소리)
6. thunder(천둥)
7. blare(쾅쾅 울리다)
8. squeak(끽 소리를 내다)
9. shriek(비명을 지르다)
10. screech(꽥 소리를 내다)
11. squawk(꽥꽥 울다)
12. snarl(으르렁거리다)
13. whine(징징거리다)
14. wail(울부짖다)
15. roar(으르렁거리다)
16. growl(으르렁거리다)
17. groan(신음소리를 내다)
18. moan(신음하다)
19. sob(흐느끼다)
20. sigh(한숨을 쉬다)

21. snort(코웃음을 치다)
22. shout(소리치다)
23. sing(노래하다)
24. sniffle(훌쩍거리다)
25. wheeze(쌕쌕거리다)
26. whisper(속삭이다)
27. mutter(중얼거리다)
28. murmur(속삭이다)
29. mumble(중얼거리다)
30. stutter(말을 더듬다)
31. bark(짖다)
32. bleat(매애 울다)
33. whinny(히힝 소리를 내다)
34. giggle(피식 웃다)
35. laugh(웃다)
36. warble(노래하다)
37. chirp(짹짹거리다)
38. gurgle(쏴 소리가 나다)
39. grumble(투덜거리다)
40. hiccup(딸꾹질하는 소리)
41. puff(뻐끔뻐끔 피우다)
42. cackle(꼬꼬댁 울다)
43. yelp(꺅 비명을 내지르다)
44. bellow(고함치다)

45. purr(가르랑거리다)

46. meow(야옹 울다)

47. quack(꽥꽥 우는 소리)

48. croak(개골개골)

49. cluck(꼬꼬댁거리다)

50. blast(쾅쾅 울리다)

51. grunt(꿀꿀거리다)

52. whistle(휘파람 소리를 내다)

53. twitter(지저귀다)

54. babble(왁자지껄)

55. snore(코 고는 소리)

56. howl(울부짖다)

57. titter(킥킥거리다)

58. scream(비명을 지르다)

59. squeal(끼익 소리)

60. belch(트림하다)

34

다다이즘

20세기 초반 다다이스트들은 순수한 성음의 범위에서 벗어나 시를 창작했다. 그들은 단어들을 잘게 나누고 그것들을 순음처럼 함께 섞었다. 대표적인 다다이스트 후고 발(Hugo Ball)이 1915년에 발표한 시를 보자.

gadji beri bimba
glandridi lauli lonni cadori
gadjama bim beri glassala
glandridi glassala tuffm i zimbrabim
blassa glassasa tuffm i zimbrambim.

후고 발은 이 시에서 특정 음소들의 수를 제한했다. 이와 같은 방법으로 학생들과 해 볼 수 있다. 알파벳의 첫 번째 절반만 혹은 마지막 절반만 사용한다던지 또는 다른 배열을 이용해 말해 본다.

35

미래파

다다이스트들과 동시대를 산 미래파 예술가들은 시를 그림으로 썼다. 아래는 F.T.마리네티(F.T.Marinetti)가 제1차 세계대전 동안의 전투를 묘사한 시이다.

이렇게 창작한 시들은 대위법적으로 읽히거나 동시에 여러 보컬리스트들이 연출할 수 있었다.

귀를 빌려주어라, 하지만 그것을 거저 주지는 말아라.

LISTENING

듣기

36

움직이는 소리 따라가기

1. 한 사람이 조용히 말하면서 방 안을 걷는다. 학생들은 눈을 감은 채, 목소리가 나는 곳을 손가락으로 가리킨다. 말을 멈추면 학생들은 말하던 사람의 발자국 소리를 듣고 그곳을 가리킨다.

2. 이번에는 두 사람이 움직인다. 두 사람의 목소리와 발자국 소리가 서로 다른 방향으로 움직인다. 학생들은 오른손으로 한 사람을 따라가고, 왼손으로는 다른 사람을 따라간다.

3. 소리를 박수 치는 소리, 톡톡 두드리는 소리, 휘파람 소리 등으로 바꿔서 해 본다.

4. 네 명의 학생이 네 개의 서로 다른 소리를 내며 움직이도록 한다. 여학생들은 두 개의 소리를 따라가고, 남학생

들은 다른 두 개의 소리를 따라가도록 한다.

5. 이런 방식으로 과제는 점점 어려워진다. 마지막으로 네 명이 움직이도록 하면서 과제를 끝내는데, 네 사람의 목소리는 서로 다른 높이를 유지해야 하고 딸림 7화음을 내야 한다. 이 과제에서 가장 따라가기 어려운 소리는 목소리이다.

37

움직인 소리 찾기

네 사람이 한 줄로 서서 각자의 음을 다함께 허밍하거나 노래한다. 교사가 네 사람 가운데 한 사람의 어깨를 두드리면 그는 몇 걸음 움직였다가 제자리로 되돌아온다. 눈을 감은 학생들은 움직였던 소리를 찾아내야 한다. 두 사람이 동시에 움직일 수도 있고 세 사람이 한꺼번에 움직일 수도 있다.

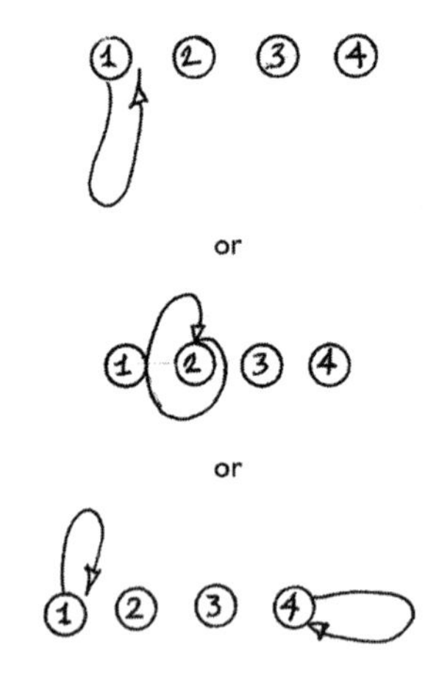

38

음계

여덟 명을 한 줄로 세우고 각자에게 음계의 한 음씩을 주고 부르도록 한다. 모두 눈을 감고 자리를 섞는다. 이제 음계를 순서대로 맞추어야 한다. A는 B를 찾고, B는 A와 C를 찾아야 한다.

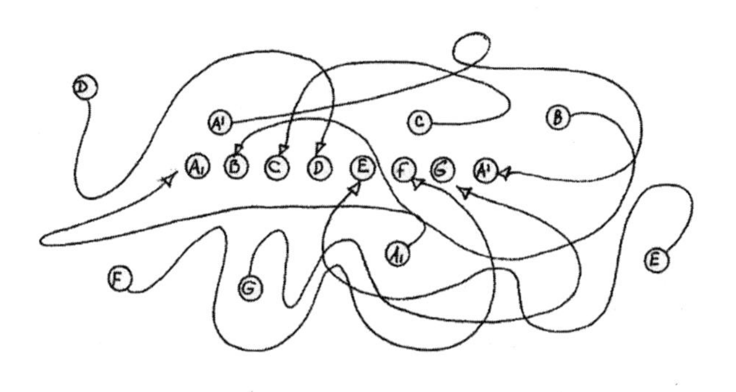

귀를 훈련하는 연습은 음악성을 키우는 데 필수적이다. 하지만 나는 전통적인 훈련 활동에서 모든 소리를 한 곳

에서만 내는 것을 늘 이상하게 생각했다. 교사는 건반으로 3화음을 누르고, 학생들에게 그 중 가운데 음이나 다른 음을 부르도록 한다. 위의 훈련 방법들은 움직이는 소리로 한다. 안 될 이유가 없다. 우리는 그 소리들에 둘러싸여 있으며, 그 소리들은 속도를 증가하며 움직인다.

39

글자와 숫자

학생들은 칠판을 등지고 서고, 교사가 칠판에 1, 2, 3과 같은 다양한 숫자나 A, B, C 같은 글자를 쓴다. 학생들은 소리를 듣고 칠판에 쓰여진 글자나 숫자를 추측한다.

40

들리는 소리 모두 적기

10분 동안 들리는 모든 소리를 종이에 적어 본다. 그런 다음 여러분이 만든 소리 목록을 분석해 보자. 목록에 있는 소리 가운데 여러분 스스로 만든 소리는 얼마나 되는가? 실내에서 난 소리는 몇 가지인가? 바깥에서 들려 온 소리는? 가장 멀리서 난 소리는 무엇인가?

목록을 분석하는 방식은 많다. 사람이 낸 소리인지, 과학기술 또는 자연에서 난 소리인지, 기분 좋은 소리인지 불쾌한 소리인지 등.

41

소리로 사람 그리기

학생들이 모르는 한 사람을 밖에서 기다리도록 한다. 학생들은 안에서 눈을 감고, 수수께끼의 인물이 교실로 들어와 걸어 다닌 다음 밖으로 나간다. 이제 학생들에게 아래와 같은 질문을 한다.

1. 그 사람의 키는 얼마나 되나?
2. 그 사람의 몸무게는 얼마나 되나?
3. 그 사람은 어떤 종류의 신발을 신었나?
4. 그 사람은 어떤 종류의 옷을 입었나?
5. 추측에 도움을 준 소리는 무엇이었는가?
6. 그 사람은 남자였나, 여자였나 아니면 어린아이였나?

생각보다 많은 정보를 얻을 수 있다는 사실에 놀랄 것이다. 예를 들어, 그 사람의 키는 보폭으로부터, 몸무게는 발걸음의 무게로부터 추론할 수 있다. 또한 원피스와 바지의 차이는 쉽게 감지할 수 있다. 나일론 스타킹은 그 소리가 들리기 때문에, 호주머니에서 짤랑거리는 소리가 날 것이다. 더 열심히 들으면 더 많이 찾을 수 있을 것이다. 이 과제는 반복해서 할 수 있으며, 똑같은 질문들을 다시 할 수 있다.

42

두드리는 소리

학생들은 눈을 감는다. 교사가 나무나 유리, 플라스틱, 각종 금속 등 여러 물질들 또는 갖고 움직이기 쉬운 물건들을 두드리며 움직인다. 학생들은 교사가 두드리는 물건들이 어떤 물질로 만들어졌는지 추측해 본다. 여러분은 어떤 물건을 두드리는 소리를 듣고 그 물건의 크기가 어떤지 또 그 물건이 무엇인지 추측할 수 있겠는가?

변형: 학생들에게 집에서 특성이 다른 재료(돌이나 가죽, 고리버들 등)로 만든 물건들을 찾아 같은 실험을 하도록 한다.

또 다른 방법으로, 물건을 상자나 병에 넣은 다음 그것을 흔들면서 안에 있는 물건이 무엇인지 추측해 볼 수 있다.

43

소리의 그림자

학생들은 눈을 감고서 물체의 크기를 가늠해 본다. 교사는 일정한 크기의 목소리로 말하면서 움직인다. 그 물체는 스크린이나 큰 의자 또는 마분지 한 장이 될 수도 있다. 이것은 시각 장애인이 딱딱한 물체가 놓여 있는 길을 걸어가는 방법이고, 이 기술은 앞을 볼 수 있는 사람들도 조금만 연습하면 완벽하게 할 수 있다.

44

거리 알아내기

두 물체가 서로 다른 거리에서 소리를 낸다. 거리는 1미터, 2미터, 10미터 등이 될 수 있다. 눈을 감은 채로, 여러분은 얼마나 정확하게 그 물체들 사이의 거리를 짐작할 수 있는가?

다성(多聲) 음악은 음치에 의해 밝혀졌다.

캐논은 원래 학습 능력이 뒤떨어지는 아이들을 위해 만들어졌다.

희망은 누구에게나 있다.

TIME AND RHYTHM

시간과 리듬

45

시계

시계가 되어 보자. 모두 일어서서 각자 원을 만들 만한 공간이 있으면 된다. 여러분의 팔이 시계의 초침이 된다. 한 사람은 진짜 시계를 보면서 정확히 60초에 게임이 끝나도록 지켜봐야 한다. 나머지 사람들은 눈을 감고 각자 팔로 큰 원을 그리고, 시작한 곳과 같은 곳에서 정확히 끝낸다. 음악가들에게는 마치 메트로놈에 4분음표가 60으로 설정되어 있는 것처럼 여겨질 것이다.

이번에는 15초, 30초, 45초에 짧은 소리를 내고, 60초에는 울리는 소리를 만들어 본다. 이 연습을 통해 여러분은 다른 사람보다 더 빠른지 느린지 알 수 있다.

46

초 계산하기

두 사람이 등지고 몇 미터 떨어진 다음, 10초마다 함께 박수를 친다. 한 사람이 먼저 시작한다. 리듬이 만들어지면 다른 사람이 함께할 수 있다. 두 사람이 동시에 박수를 치는가?

간격을 5초로 줄이면 이 과제는 좀 더 쉬어질 것이다.

전에 나는 일본의 전통 가면극을 본 적이 있다. 드럼을 치는 두 음악가가 무대 양쪽에서 절대 서로를 보지 않은 채 관객만을 바라보면서 느린 리듬을 동시에 연주했다. 일본의 축제 음악에 공통으로 나오는 아첼레란도(점점 빨라지는 악절)까지 포함된 그 리듬은 정확하게 동시에 연주되었다.

47

8642

둘씩 짝을 지어 서로 마주 보고 눈을 감는다. 다음과 같은 비트와 쉼 패턴을 편안한 박자로 연주하도록 한다.

8비트 동안 손바닥을 마주 대었다가 8비트 동안 가만히 있고, 6비트 동안 손바닥을 대었다가 6비트 동안 가만히 있고, 4비트 동안 손바닥을 대었다가 4비트 동안 가만히 있고, 2비트 동안 손바닥을 대었다가 2비트 동안 가만히 있는다. 그리고 다시 4비트 동안 손바닥을 대었다가 4비트 동안 가만히 있는 식으로 8비트까지 돌아간다.

이 과제는 정확한 템포의 의미를 배울 수 있는 좋은 방법이다.

48

빨리 그리고 느리게

실내에서 가능한 한 빠르게 움직인다. 그런 다음 신호를 주면 멈췄다가 가능한 한 느리게 움직인다. 적절한 소리를 이 두 가지 형태의 움직임에 추가할 수 있다.

49

느리게 걷기

매우 느린 동작으로 걸어 보자. 한 걸음 내디딜 때마다 하나의 음을 허밍한다. 발걸음의 지속 시간을 계산해서 숨을 크게 한 번 쉬는 동안 한 걸음을 걷는다. 음과 발걸음의 박자를 가능한 일정하게 유지해야 한다. 이렇게 걷는 걸음마다 서로 다른 음으로 계속한다.

50

몸과 목소리

나무 블록이나 타악기에 보통 빠르기로 일정한 리듬을 정해 놓는다.

세 박자 중 첫 박에 발이나 팔로 움직임을 만들고, 두 번째와 세 번째 박에는 두 가지 소리를 만든다. ▲● ●

그 다음 두 가지 움직임과 한 가지 소리를 만든다. ▲▲●

이제 네 박자로 리듬을 바꾼다. 첫 박에 움직임을 만들고 두 번째와 네 번째 박에 소리를 만든다. ▲● ●

그 다음 첫 번째와 세 번째 박에 움직임을 만들고 네 번째 박에 소리를 만든다. ▲ ▲●

이제 학생들을 나누고 대위법적으로 반복하면서 움직인다. 그 효과는 놀라울 것이다.

소리 ● 움직임 ▲

한 북미 인디언이 내게 말했다.

"우리 부족은 틀린 음으로 노래하지 않습니다."

COUNTERPOINT

대위법

51

몸싸움

폴란드 영화감독 예지 그로토프스키는 배우들에게 이렇게 준비 운동을 시킨다. "손은 한 방향으로 원 운동을 하고, 팔꿈치는 그 반대 방향으로 원 운동을 한다." 초보자를 위한 더 간단한 운동은 한 팔로 원을 그리는 동안 다른 팔은 칼 싸움을 하는 것이다. 이렇게 해 보면 서로 대조적인 두 리듬에 대한 느낌을 얻을 수 있다.

52

소리와 몸짓

각자 종이에 1부터 10까지를 적는다. 아무 숫자나 세 가지에는 원을 그리고, 또 다른 세 가지 숫자에는 사각형을 그린다. 원은 소리를 뜻하고, 사각형은 몸짓을 뜻한다. 소리는 어떤 목소리던지 가능하며, 몸짓은 다리와 팔을 이용한 어떤 형태든 가능하다. 이제 교사가 숫자를 부르면 학생들은 연주한다. 종이를 바꿔 다시 해 본다. 수시로 종이를 바꿔 가면서 점점 속도를 빠르게 한다.

1 [2] (3) 4 [5] 6 (7) (8) [9] 10

53

슬픈 기쁨

1. 황홀하게 기뻐하는 소리를 만든다.
2. 황홀하게 기뻐하는 몸짓을 만든다.
3. 1번과 2번을 합친다.
4. 슬프게 죽어가는 소리를 만든다.
5. 슬프게 죽어가는 몸짓을 만든다.
6. 4번과 5번을 합친다.
7. 몸이 슬프게 죽어가는 몸짓을 하고, 목소리로 황홀하게 기뻐하는 소리를 낸다.
8. 몸이 황홀하게 기뻐하는 몸짓을 하는 동안 목소리로 슬프게 죽어가는 소리를 낸다.

어렵지 않은가?

54

튐과 흔들림

걸으면서 일정한 음을 흥얼거려 보자. 바닥에 발이 닿으면 그 충격 때문에 음이 살짝 튈 수밖에 없는데, 그러한 현상을 없애기 위해 노력해 본다.

다음으로, 긴 숨을 한 번 내쉬는 동안 음을 유지하면서 그 음이 튀거나 흔들리지 않게 바닥에 눕는다.

같은 방법으로 음을 유지하면서 바닥에서 일어나 본다.

55

장애물 코스

의자나 다른 큰 물건들로 장애물 코스를 만든다. 눈가리개를 한 사람이 다른 사람의 안내를 받으며 아무것도 건드리지 않고 장애물 사이를 걸어 본다. 안내하는 사람은 단어를 쓰지 않고 목소리만으로 끌어 줘야 한다. 생각보다 어렵다.

56

단순한 일

장애물 코스의 변형된 방법이다. 눈은 가리지 않아도 된다. 몸짓이나 설명 없이 소리만으로 단순한 일을 시키는 연습이다. 단순한 일의 예로는 걸어가서 창문을 열거나 의자에 앉는 일이다.

57

복잡한 일

이 과제를 하려면 서로 합의해서 소리의 목록을 만들어야 한다. 예를 들면 걷다, 멈추다, 돌아서다, 내려가다, 올라가다, 집는다, 내려 놓는다 등을 지시하는 소리를 정해야 한다.

다섯에서 여덟 명으로 모둠을 만들고 소리의 목록을 만든다. 모둠에 속한 사람들은 그 소리들을 다 알아야 한다. 목록을 만드는 동안 일을 수행할 한 사람을 정한다.

이제 각 모둠은 어떤 일을 시킬 것인지 결정하고, 일을 수행할 사람은 밖에서 기다려야 한다. 일을 수행하는 사람은 단순히 지시만을 따라야 한다.

작업의 예

들어와서 바닥에 있는 무언가를 주워 교사에게 주고 가서 앉는다.

들어와서 걸어가 창문을 열고, 분필을 집어 칠판에 적은 다음, 교실 밖으로 가서 교사와 함께 왈츠를 춘다. 이 작업을 마치려면 왈츠를 노래로 불러야만 한다.

나는 여러 나라에서 이 과제를 해 봤는데, 모든 연령대 사람들에게 인기가 좋았다.

58

소리 주고받기 1

두 사람이 다른 음을 부르면서 천천히 서로에게 다가간다. 그들이 서로를 지나칠 때, 음을 바꾼다. 학급 전체가 이렇게 할 수도 있으며, 한 쌍씩 차례로 진행해도 된다. 이 과제는 어렵기는 하지만 아주 훌륭한 청음 훈련이다.

만약 실내의 각 코너에 두 명씩 짝을 지어 큰 사각형을 만든다면 여덟 명이 이 과제를 함께할 수 있다. 아래 그림처럼, 교사의 신호에 따라 여덟 명이 움직인다. 그러면 우리는 움직이는 여덟 가지 음을 들을 수 있으며, 과제를 정확하게 마친다면 화음이 일정하게 유지될 것이다.

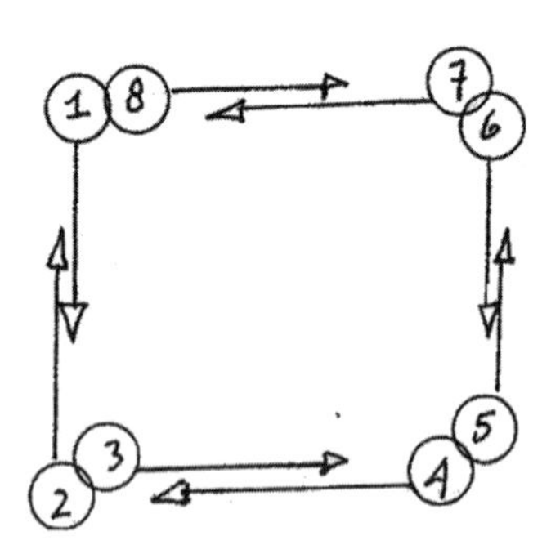

이보다 좀 더 어려운 청음 훈련을 하기 위해서는 각 코너에 두 명씩 더 추가한다. 그런 다음 움직이는 사람들은 그들에게 주어진 음을 멈춰 있는 심판들 가운데 한 사람에게 노래한다. 심판들은 돌아오는 음의 정확성을 결정하기 위해 그 음을 듣는 사람이다.

나는 두 번째 대각선 사각형과 십자가를 추가함으로써 마흔 명 가까운 사람들과 이 과제를 해 본 적이 있다. 모두 자신이 맡은 음을 정확하게 내고 있을 때, 많은 목소리가 이루는 화음은 매우 아름답다.

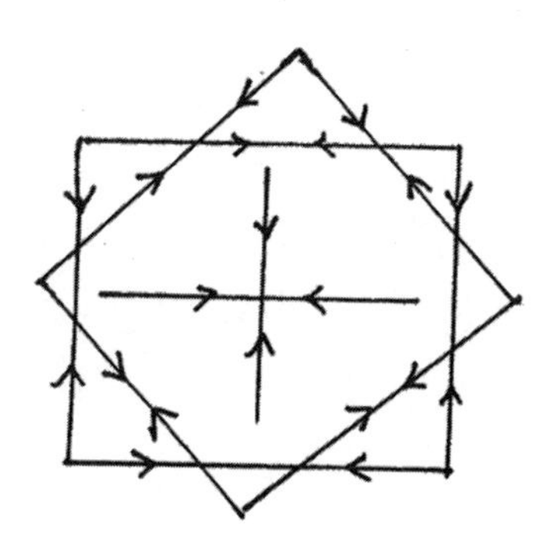

59

소리 주고받기 2

앞의 과제는 음악가들이나 음악을 배우는 학생들을 위한 것이다. 합창단에서는 단원들에게 다른 사람이 부르는 음을 듣도록 하는 데 이 과제를 활용할 수 있다.

이 과제를 좀 더 단순하게 하는 방법은, 짝을 지은 사람들이 그들이 원하는 소리를 내면서 서로에게 다가가도록 하는 것이다. 그러고 나서 같은 방식으로 그 소리들을 주고받는다.

젊은이들이나 아이들은 이 과제를 즐거워한다. 특히 소리와 함께 몸짓을 더하도록 하면 훨씬 더 재미있다. 팔 흔들기, 머리 까딱거리기, 다리를 절며 걷기, 한 발로 깡충깡충 뛰기 등의 방법이 있다. 사람들을 두 줄로 세워 마주보게 한 다음 서로 다가가 차례로 지나치게 한다.

IMPROVISATION

즉흥곡

60

한 장의 종이 악기

원을 만든 사람들에게 종이 한 장을 전달한다. 종이를 받은 사람은 그 종이로 각기 다른 소리를 만들어야 한다. 종이를 접거나 두드리거나 던지거나 찢거나 하는 방법으로 말이다. 처음에는 쉽지만 종이가 계속 전달될수록 생각해 낼 수 있는 소리들이 하나씩 없어지기 때문에 점점 더 어려워진다.

61

재미있는 소리 가져오기

이 과제는 듣기 훈련의 오래된 방법이다. 각자 그들이 생각하기에 재미있는 소리를 낼 물건을 가져 오도록 한다. 물건을 가져와 그 소리를 내 보고, 왜 그 소리를 재미있다고 생각했는지 이야기한다. 그렇게 모은 소리들은 즉흥곡으로 만들 수 있다. 나는 이 과제를 좀 더 구체적으로 만들기도 한다. 몇몇 사람들에게는 윙윙거리는 소리, 다른 사람들에게는 딸랑거리는 소리, 또 다른 사람들에게는 긁는 소리, 또 다른 몇몇 사람들에게는 내리치는 소리들을 찾도록 하는 것이다.

62

소리로 즉흥곡 만들기

앞선 과제에서 보았듯이, 소리가 나는 물건을 사용하는 것이 오히려 전통 악기로 하는 즉흥 연주보다 이점이 있다. 윙윙거리고, 딸랑거리고, 긁고, 내리치는 소리들은 대부분의 전통 악기로 낼 수 있는 소리보다 더 풍부한 자원이다. 그 소리들은 또한 음악실 밖의 소리 풍경과 강한 유대를 갖기 때문에 더 자유로울 수 있다. 비록 내가 시도해 본 적은 없지만, 우리는 그 소리들을 가지고 자유롭게 즉흥곡을 만들어 볼 수 있을 것이다. 독일 가곡의 ABA 3부 구성 형식이라든지, 소나타 형식도 포함할 수 있을 것이다. 카논 같은 방식도 두 명 또는 그 이상의 학생들로 연주할 수 있다.

아주 단순한 재료들로 연주할 수 있다는 점을 잊지 말자.

63

이야기 상상하기

앞의 과제를 재미있게 변형할 수 있다. 한 사람이 2분에서 3분 동안 모든 소리 나는 물건을 사용해 자유롭게 즉흥 연주를 한다. 다른 사람들은 눈을 감고 소리를 들으면서 이야기를 상상해 본다.

나는 아주 평범한 소리들로 연주하는 똑같은 즉흥곡을 들으면서 사람들이 상상하는 이야기의 다양성과 특이성에 매번 놀란다. 한 번 시도해 보자.

64

신발 콘서트

이 과제는 브라질의 음악 교육가 마리사 폰테라다(Marisa Fonterrada)가 만들었다. 사람들에게 부츠, 하이힐, 샌들 등 재미있는 소리를 내는 신발 한 켤레를 가져 오라고 한다. 가져 온 신발들이 만들어 내는 소리들을 들어 본다.

그 다음 자기가 가지고 온 소리와 합주하고 싶은 소리를 가진 사람을 찾는다. 한 사람일 수도 있고 여러 사람이 될 수도 있다.

이렇게 만들어진 각 모둠에게 신발 콘서트를 준비하도록 몇 분을 준다.

몇 분 동안 연습을 한 다음, 리듬감 있는 반복 악절을 추가하여 모두가 함께 연주하는 신발 콘서트를 연다. 각 모둠의 연주 사이에 넣는 반복 악절은 모둠 1—반복 악절—모둠 2—반복 악절의 형식으로 구성할 수 있다.

COMPOSING

작곡

65

네 가지 소리

다섯에서 여덟 명으로 모둠을 만든다. 각 모둠에게 15분에서 20분씩 주고 자연, 기술, 몸, 음악 중 하나의 소리를 피처링한 짧은 작품을 만들도록 한다.

몸의 소리를 피처링하기 위해서 몸은 두드리기, 때리기, 밟기 등을 할 수 있는 악기로 생각해야 한다. 음악의 소리를 피처링한다면 레퍼토리에 있는 어떤 것이든 가능해야 한다.

66

도형 악보

각 모둠에게 아래의 그림을 주고 10분 동안 연주를 준비하도록 한다. 연주는 목소리와 악기를 가지고 할 수 있다. 꽤 단순해 보이지만, 그림의 모양들은 여러 질감의 소리를 연상시키고 해석하는 방법의 다양성은 무한하다.

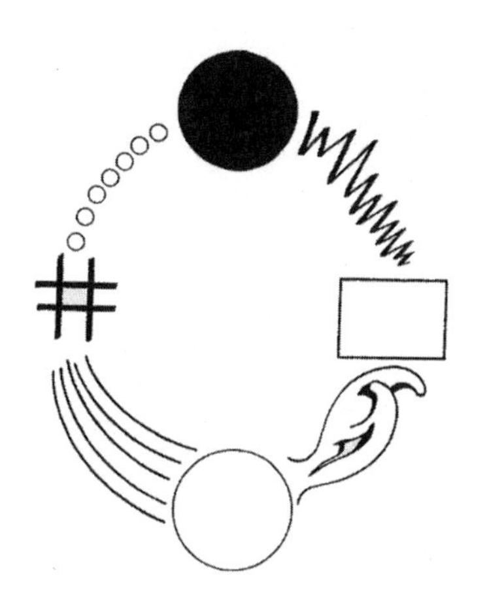

이제 각 모둠에게 그들이 '해석'한 대로 연주하게 한 다음 그것을 설명하게 한다.

67

자신만의 작업

당연히 다음 단계는 자기 자신의 악보를 만들어 그것을 연주하는 것이다. 색깔은 모양과 질감에 추가하여 사용할 수 있다. 가능성은 언제나 무한하다.

68

하나의 음색

서두에서 말했듯이, 이 책의 과제들은 직선적이지 않고 지그재그로 움직인다. 그래서 제한적인 과제와 함께 즉흥 연주의 자유로움을 따르는 게 적절할 것이다. 이제 여러분은 하나의 음색만을 갖게 된다. 그것으로 5분 동안 여러분이 원하는 무엇이든 해 본다. 단, 듣는 사람을 지루하게는 하지 말라.

물론 이것은 매우 어려운 과제이다. 그래서 이 내용이 이 책 마지막 부분에 있는 이유이다. 이것은 많은 훌륭한 연주자들이 보여주는 것처럼, 여러 음표를 다루기 위한 하나의 일이다. 하지만 단 하나의 음표로 설득력 있는 연주를 만들 수 있을까? 이에 대해 생각해 보고 여러분이 다른 작품을 준비하던 때처럼 고심하고 주의를 기울여 연주를 준비해 보자. 그 결과에 여러분은 깜짝 놀라게 될 것이다.

일본 작곡가 다케미쓰 도루가 내게 대나무피리 달인에 대한 이야기를 해 준 적이 있다. 그 달인은 매일 아침이면 정원에 나가 연습을 했다고 한다. 날마다 그는 하나의 음색을 정하고 오전 내내 그 음을 '숙달'하는 데 보낸다.

서양 음악가들은 한 번에 너무 많은 것을 하기 위해 달려든다. 그래서 그들은 개별 요소들에 집중하는 방법을 잊어버린다. 이 과제가 매우 가치 있고 필요한 이유이다.

69

나를 놀라게 하라

러시아 극단의 단장 디아길레프는 프랑스 시인 장 콕토에게 이렇게 말했다. “나를 놀라게 하시오!” 이는 생각과 준비로부터 얻을 수 있는 과제이다. 모든 훌륭한 작곡가들과 연주자들이 이렇게 하지 않는가? 그들은 우리를 놀라게 한다. 그 놀라움은 인상적이거나 화려한 몸짓이 될 수도 있고, 재미있거나 이상할 수도 있다. 학생들에게 집에서 도전해 보도록 하자. 내일이면 우리는 놀랄만한 순간을 경험하게 될 것이다.

북미 인디언들은 백인 음악을 좋아하지 않았다.

그들은 백인 음악의 전조(轉調)를 사기라고 여겼다.

정직은 한 조(調)만 유지한다.

SONGS

노래

70

자기만의 노래 만들기

현대 세계에서 노래의 범위는 믿을 수 없을 정도로 축소되었다. 지금 우리에게는 태어남과 죽음을 위한 노래가 없다. 꽃과 나무, 바람과 비… 자연에 대한 노래는 적게나마 있지만, 일출과 만월, 춘분과 추분 같은 자연의 달력을 기념하는 노래는 거의 없으며, 용기에 대한 노래, 익살스러운 노래도 거의 찾아볼 수 없다.

나는 이렇게 빈곤해진 우리의 노래 세계에 대해 학생들과 이야기를 나누고 아래와 같은 주제로 노래 만들기 과제를 준다.

1. 새로 태어나는 아기에 대한 노래
2. 생을 다해가는 할머니를 위한 노래
3. 일출을 맞이하는 노래
4. 우리를 웃게 하는 노래

5. 비를 불러오는 노래 (또는 비를 멈추게 하는 노래)
6. 우리에게 힘과 용기를 주는 노래

누군가는 이 주제로 독창곡을 쓸 수도 있다. 하지만 나는 이 과제를 하면서 몇 가지 다른 주제들을 추가해야 한다는 것을 알았다. 15분 정도 작은 모둠이 함께 작업하기에는 위 주제들에 대한 매우 매력적이고 영감을 주는 해결책이 필요하기 때문이다.

내가 정말로 들을 때,

나는 마치 그곳에 있지 않는 것처럼 느껴진다.

— 독일 여학생

TILINESS AND SILENCE

고요와 정적

71

일어서기

모둠에게 어떤 소리도 내지 않고 자리에서 일어나도록 한다. 이 과제는 생각보다 훨씬 어렵다. 모든 학생들이 동시에 일어날 때에는 소리가 나게 마련이다. 아주 작은 소리라도 들리면 멈추고 다시 시작한다. 비록 이 과제를 완벽하게 할 수는 없겠지만 집중을 통해 소리를 줄일 수는 있다. 그렇게 일어났다면 이제 같은 방식으로 앉아 보자.

72

의자 움직이기

앞의 과제를 확장시킨 방식이다. 모둠 사람들을 조용히 일어나게 한 다음 그들이 앉았던 의자를 바깥으로 조용히 옮기게 하는 것이다. 전체 모둠이 동시에 이 과제를 하면 좀 혼란스러울 수 있다. 느리게 하는 게 비결이다.

73

종이

간단한 과제이다. 실내에서 소리를 내지 않고 종이 한 장을 전달한다. 종이가 크면 클수록 더 어려워진다. 동시에 여러 장의 종이를 전달할 수도 있다.

아이들은 이 과제를 매우 좋아한다. 이 과제를 하는 동안 교실의 배경 소음 레벨이 낮아지는 것을 보면 놀라지 않을 수 없다.

74

가장 조용한 곳

큰 건물에 들어가 그 건물에서 가장 조용한 곳을 찾아 낸다. 어느 곳이 가장 조용한지 판단하기 위해 각자 발견한 조용한 곳을 가 본다.

75

소리 상상하기

아주 조용히 앉아 눈을 감고 아래 소리들을 상상해 본다. 나는 한 항목씩 충분히 시간을 주고 말해 준다.

웃고 있는 아기
우는 여자
나뭇잎 위를 걸어간다
천 명의 목수들이 망치질을 한다
나이아가라 폭포
양철 지붕에서 굴러 떨어지는 도토리
물 밖으로 튀어 오르는 물고기
녹고 있는 빙산
딸꾹질하는 기린

이 과제는 학생들을 집중 시킬 때 이상하리만큼 효과적인 방법이다. 이 자리에 없는 소리들이지만 상상 속에서는 또렷하게 들을 수 있을 것이다.

학기가 끝날 무렵, 교장 선생님이 이렇게 물었다. "그런데 그 작곡가는 누구니?" "사무엘 필립스요." 한 학생이 답했다. "사무엘 필립스가 누군데?" 교장 선생님이 다시 물었다. "바로 저에요."

옮긴이의 글

이 책은 우리가 잊었던 다양하고 풍부한 소리 세계를 체험을 통해 이해할 수 있도록 돕는 음악 교육 연습 노트이다. 『소리 교육 1: 소리, 귀, 마음을 위한 100가지 연습 노트』와 마찬가지로 이 책에서도 여러 가지 과제를 통해 소리를 듣는 새로운 감성을 길러 준다.

저자 머레이 셰이퍼는 캐나다의 작곡가이자 사운드스케이프 이론의 창시자로, 캐나다와 여러 국가에서 창조적 음악 교육과 소리 풍경에 대한 조사 연구를 통해 알게 된 다양한 과제를 75가지로 정리해서 이 책을 펴냈다. 이 과제들은 창의적 체험을 통해 주변의 온갖 소리를 명확히 구분해서 듣도록 훈련하고, 잔향과 흡음을 포함한 소리의 변화를 정확히 감지해 낼 수 있도록 한다. 소리에 대한 기술적 부분만 아니라, 창조적 탐구와 관련해 음악성을 향상시키는 교육 프로그램이기도 하다.

머레이 셰이퍼는 현대의 음악 교육이 지닌 문제점을 해결하고자 음악의 무대를 우리 주변에 존재하는 다양한 소리 세계로 확대한다. 거기서 독자들 스스로가 소리를 직접 체험하고, 소리의 즐거움을 발견하기를 바란다. 저자의 바람대로 이 연습 노트의 과제들을 통해 다양하고 풍부한 소리 세계를 체험해 나간다면 우리의 소리 풍경은 훨씬 풍요로워질 것이다.

이 책을 번역 출간하도록 허락해 준 머레이 셰이퍼 교수에게 깊은 감사를 드리며, 도서출판 그물코에도 감사의 뜻을 전한다.

2015년 9월

한명호

지은이 **머레이 셰이퍼(R. Murray Schafer)**
1933년 캐나다 온타리오 주 사니아에서 태어났다. 토론토 왕립음악원과 오스트리아, 영국에서 공부한 뒤 사이먼 프레이저 대학 언론학부 교수를 역임했다. 작곡가로서 대자연의 실험적 형태의 음악을 만들어 온 그는 캐나다 의회, 프롬 음악 재단, 쿠세비츠키 음악재단, 구겐하임 펠로우쉽 등에서 작품상을 수상했다. 1975년부터 온타리오 주 밴크로프트에서 작곡 활동을 하고 있다. 음악 교육과 소리 풍경에 대한 많은 저작이 있으며, 대표작인 『The Soundscape : Our Sonic Environment and the Tuning of the World』는 『사운드스케이프: 세계의 조율』로 국내 출간되었다.

옮긴이 **한명호**

1964년 전남 진도에서 태어났다. 1989년 전남공대 건축공학과를 졸업하고 같은 학교 대학원에서 석사와 박사 학위를 받았다. 1994년부터 2007년까지 서남대학교 건축공학과 교수로 재직했고, 2007년부터 목포대학교 친환경건축연구센터와 호남문화콘텐츠연구소 연구 전임 교수를 역임했다. 2000년부터 소리 풍경 연구에 몰두해 지금은 소리 풍경에 관한 조사, 연구, 교육, 지역 실천 활동에 참여하고 있다. 주요 논문으로 문화관광부의 '가고 싶은 섬 홍도' 시범 사업 일환으로 연구한「홍도의 소리경관 자원의 발굴, 보존 및 육성을 위한 사운드스케이프 조사연구」를 비롯하여 약 30여 편이 있다. 옮긴 책으로는『사운드스케이프: 세계의 조율』,『소리의 재발견: 소리 풍경의 사상과 실천』,『소리 교육 1: 소리, 귀, 마음을 위한 100가지 연습 노트』가 있다.
2011년에 소리 풍경 디자인 실천 활동으로 '무등산 소리 풍경 명소 발굴 사업'을 수행했고, 지금은 '김인후의 48영에 표상된 소쇄원의 소리 풍경' 연구 프로젝트를 수행하고 있다.

옮긴이 **박현구**

1972년 전남 영광에서 태어났다. 1990년 전남대학교 건축공학과에 입학, 2004년에 박사 학위를 받았다. 2006년부터 2007년까지 캐나다 국립 연구소(National Research Council Canada)에서 Post doctor 과정을 거친 뒤, 한양대학교 ERICA 캠퍼스 친환경건축연구센터 연구 교수를 역임했다. 1990년 통기타를 접한 뒤 음악에 관심을 가졌고, 공학적으로 음향에 관심을 키우던 중 건축음향학이란 학문에 매료되어 교회와 성당 건축물의 음향 설계 및 음향 성능 평가에 대한 연구를 했다.
지금은 전남대학교 바이오하우징연구소 연구 교수로 재직 중이며, ISO TC43(음향학)의 SC2(건축음향) Working Group 정회원으로 활동하고 있다. 최근에는 각종 소리 풍경의 심리 평가에 대한 국제 논문을 발표하는 등 활발한 연구를 하고 있다.

소리 교육 2
소리와 음악 창작을 위한 75가지 연습 노트

1판 1쇄 펴낸날 2015년 9월 20일

지은이 머레이 셰이퍼
옮긴이 한명호, 박현구
펴낸이 장은성
만든이 김수진
인 쇄 대덕인쇄
제 본 자현제책
종 이 성진페이퍼

출판등록일 2001.5.29(제10-2156호)
주소 (350-811) 충남 홍성군 홍동면 운월리 368번지
전화 041-631-3914
전송 041-631-3924
전자우편 network7@naver.com
누리집 cafe.naver.com/gmulko